Algunos van a la escuela en autobús.

En este siglo hay más maneras de ir a la escuela. Vamos en bici, patineta, carro o autobús.

I0800080

Así era una escuela antes. Todos esperaban afuera. Iban al salón cuando sonaba la campana.

Acá había un solo salón.

En esta escuela hay más de un salón.

Así es una escuela ahora. La directora avisa cuando hay que ir al salón.

Antes usaban estufas. La estufa calentaba el salón. El sol lo iluminaba.

Solo la luz del sol iluminaba el salón.

Las lámparas iluminan el salón.

Ahora hay tubos que dan calor. El salón se ilumina con lámparas. Todo es más cómodo.

Antes había bancos de madera. Los bancos estaban fijos en el piso. Formaban filas.

Cada niño se sentaba en su pequeño banco.

Todos compartimos las mesas.

Ahora usamos mesas. Nos sentamos juntos. Las mesas no están fijas.

Antes casi nadie usaba papel y lápiz. Mira lo que se usaba. Su nombre es pizarrón.

Para anotar usaban una tiza.

En el salón hay computadoras.

Ahora usamos papel. También usamos computadoras. ¿Qué más ha cambiado en la escuela?

Respuesta a la lectura

Volver a contar

Vuelve a contar *La escuela: antes y ahora* con tus propias palabras.

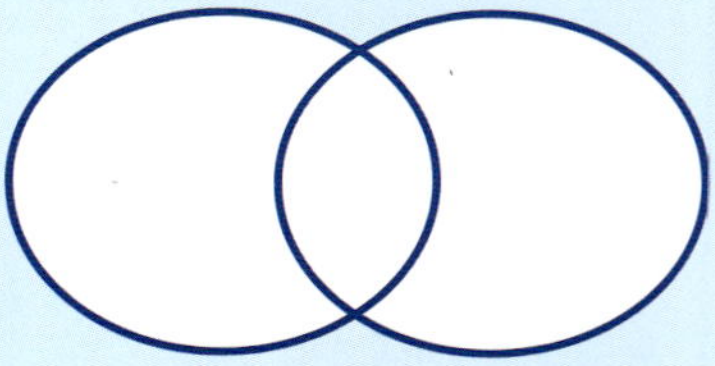

Evidencia en el texto

1. Mira la página 3. ¿Cómo van los niños a la escuela ahora?
   Comparar y contrastar

2. Mira la página 6. ¿En qué se diferencian los salones de antes y los de ahora? ¿En qué se parecen? Comparar y contrastar

3. ¿Cómo sabes que este es un texto de no ficción? Género

Días de escuela

Género No ficción

Compara los textos

Lee para aprender cómo ha cambiado la escuela a lo largo del tiempo.

La escuela: antes

Había un solo salón de clases.

Había pocas materias.

En la escuela había
pocos materiales.

Las escuelas eran pequeñas.

La escuela: ahora

Hay muchos salones de clase.

Hay más materias.

En la escuela hay muchos más materiales.

Materiales de química.

¿? Haz conexiones

Mira ambos textos. ¿Qué cosas eran diferentes en las escuelas de antes?

El texto y otros textos

Enfoque:

Estudios Sociales

Propósito Mostrar cómo vas a la escuela

Paso a paso

Paso 1 Haz un dibujo para mostrar cómo vas a la escuela.

Paso 2 Escribe una oración para contar cómo vas a la escuela.

Paso 3 Muestra el dibujo a tus compañeros y léeles tu oración.